ANNALES

DES

SCIENCES POLITIQUES

Revue bimestrielle

Publiée avec la collaboration des professeurs et des anciens élèves
de l'École libre des Sciences politiques

DIX-HUITIÈME ANNÉE

V. — 15 SEPTEMBRE 1903

EXTRAIT

LA LOI DU 7 AVRIL 1902
SUR LA MARINE MARCHANDE
ET SES PREMIERS RÉSULTATS

PAR

A. de LAVERGNE

FÉLIX ALCAN, ÉDITEUR

ANCIENNE LIBRAIRIE GERMER BAILLIÈRE ET Cie

108, BOULEVARD SAINT-GERMAIN, 108

PARIS, 6e

1903

LA LOI DU 7 AVRIL 1902

SUR LA MARINE MARCHANDE

ET SES PREMIERS RÉSULTATS

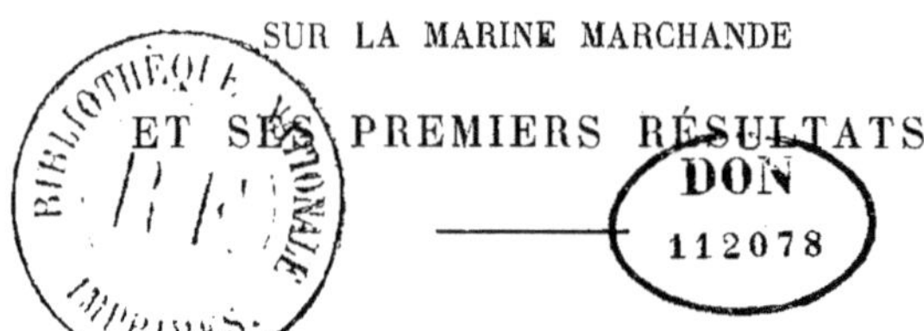

> « L'empereur d'Allemagne disait récemment :
> « Notre avenir est sur l'eau ». La France peut
> en dire autant. Dans la lutte entre les peuples
> modernes, lutte économique ou lutte guerrière,
> les nations maritimes joueront un rôle décisif. »
> AMIRAL DE CUVERVILLE.

Pour la troisième fois depuis 1881[1], le législateur a donné à notre marine marchande des primes pour lutter contre la concurrence internationale, et lui fournir les moyens d'essayer de reconquérir le rang que la France avait jadis parmi les autres nations maritimes, ou tout au moins de conserver celui qu'elle occupe aujourd'hui. Quelles sont les modifications apportées au régime antérieur par la loi de 1902; quels en seront les résultats probables; quels en sont même les premiers effets : telles sont les questions que nous nous proposons d'examiner.

I

La loi du 26 janvier 1893 accordait des primes à la construction et des primes à la navigation.

Le principe même de ces encouragements ne peut être contesté. La part prise par notre construction navale dans l'activité industrielle et la prospérité du pays tout entier est considérable. Employant elle-même un nombreux personnel, alimentant, par ses commandes, le travail de grands établissements métallurgiques, elle constitue une industrie éminemment utile à notre existence

---

1. Nous renvoyons les lecteurs, pour tout ce qui concerne l'historique de la question, à l'article de M. Joseph Wilhelm paru dans les *Annales* en janvier 1901.

économique. Indispensable à la défense nationale, elle construit les navires de guerre que les arsenaux ne peuvent pas produire, elle est appelée, en cas de guerre maritime, à réparer notre matériel en vue de la continuation de la lutte.

Mais si notre construction navale produit aussi bien, et même mieux, que les chantiers étrangers, elle fait payer un prix sensiblement plus élevé. Les raisons en sont multiples. Les matières premières, entrant dans la construction, sont fortement majorées par les droits de douane; les salaires des ouvriers français sont sensiblement supérieurs à ceux des ouvriers étrangers; l'outillage mécanique est peut-être un peu moins perfectionné; enfin les débouchés, trop restreints, ne permettent pas la répartition sur un grand nombre d'unités de frais généraux considérables : telles sont les raisons qui expliquent pourquoi le tonneau coûte en France de 450 à 500 francs, alors qu'il ne revient à l'étranger qu'à 250 ou 300 francs, soit une différence moyenne de 42,55 p. 0/0 entre les deux prix.

Pour lutter contre cette inégalité, résultant d'une situation indépendante de la volonté des constructeurs, aucune faveur, aucune protection n'avaient été accordées par notre tarif douanier de 1892. Un droit infime de francisation de 2 francs par tonneau de jauge frappait seulement l'entrée en France des navires achetés à l'étranger.

La loi du 26 janvier 1893 avait créé, pour réparer cette injustice, la prime à la construction.

Elle représentait le remboursement des droits de douane perçus sur les matières premières et même une somme légèrement supérieure, mais elle était insuffisante pour rétablir l'équilibre entre le coût de construction en France et à l'étranger [1].

Il était donc nécessaire de favoriser sous une autre forme la construction française. La prime à la navigation devait répondre à ce but. Donnée aux armateurs pour leurs navires construits en France, elle leur permettait de payer aux constructeurs un prix plus élevé, car, grâce à la subvention du Trésor, ils pouvaient amortir facilement le supplément de prix demandé dans les chan-

---

1. La prime à la construction s'élève à 65 francs par tonneau de jauge pour la coque et à 15 francs par 100 kilogrammes de machines, soit 92 francs par tonneau au total.

Les droits de douane sur les matières premières sont évalués à 52 fr. 50 par tonneau.

tiers français. C'était, somme toute, faire bénéficier la construction navale, mais cette fois indirectement, d'une seconde subvention [1].

Deux critiques furent bientôt faites à cette législation : une critique de détail, une critique de fond.

La critique de détail reposait sur l'inégalité existant entre la prime aux vapeurs et la prime aux voiliers, les premiers recevant 1 fr. 10, les seconds 1 fr. 70 par tonneau de jauge brute et par 1,000 milles parcourus.

Cette mesure, très favorable à la marine à voiles, était due à la décroissance considérable d'effectif qui s'était manifestée de 1881 à 1893 [2], mais elle dépassa son but, car la prime de 1 fr. 70 était fort exagérée. Les armateurs furent ainsi artificiellement attirés vers la construction et l'armement des voiliers, des cales nouvelles furent construites dans les anciens chantiers, de nouveaux chantiers se constituèrent. En 1900, le tonnage mondial des voiliers accusait, par rapport à l'année 1893, une diminution de 12 p. 0/0 et cependant, dans la même période, notre tonnage national augmentait de 73 p. 0/0.

La navigation à voiles est certainement appelée à rendre encore de grands services, en permettant de transporter des marchandises lourdes et de peu de valeur que le transport par vapeur grèverait de frais trop élevés. Mais de nos jours où la vitesse des transports est une des conditions mêmes de leur emploi, le voilier, quelque scientifique que soit devenue la navigation à voiles, ne sera jamais préféré au vapeur lorsqu'il n'y aura pas une grande différence entre le coût du fret qu'ils demandent respectivement. Dans la plupart des cas cette économie n'est pas assez appréciable pour faire donner la préférence aux voiliers, aussi constatons-nous leur déchéance de plus en plus certaine. Si la France a vu au contraire se produire un relèvement c'est que les primes, l'expérience le prouva, n'étaient pas seulement les béquilles destinées à soutenir les armateurs dans la lutte contre la concurrence étrangère, mais aussi la raison d'être même de ces sociétés de navigation qui, sans elles, n'auraient pas trouvé, dans l'exploitation normale du trafic maritime, les moyens de subsister.

Cet essor, qui dotait le pays d'instruments insuffisants [3], qui

---

1. On évalue à 30 ou 40 p. 0/0 du total payé la part de la prime à la navigation qui revient ainsi indirectement aux constructeurs.

2. De 22,542 tonneaux, la moyenne de construction annuelle était tombée à 12,126 tonneaux.

3. On ne peut toutefois contester que le vapeur est l'instrument du progrès,

immobilisait des capitaux dans des entreprises peu utiles au développement de notre commerce extérieur, qui imposait, d'année en année, aux budgets des charges plus lourdes, n'avait eu lieu qu'au détriment de notre marine à vapeur, qu'il aurait cependant été surtout utile de protéger.

La moyenne des constructions annuelles de vapeurs ne fut de 1893 à 1898 que de 8,635 tonneaux alors qu'elle avait été de 1886 à 1890 de 12,640 tonneaux et même de 29,680 tonneaux de 1881 à 1886. Accroissement exagéré des voiliers, décroissance inquiétante des vapeurs, tel était le résultat de la fixation arbitraire du taux des primes allouées à l'un et l'autre mode de navigation.

Le système de 1893 était en outre mauvais en lui-même, car la prime à la navigation n'était accordée qu'aux armateurs ayant acheté des navires de construction française.

Si le législateur avait voulu favoriser ainsi les constructeurs français d'une manière indirecte et les faire bénéficier d'une notable partie de la prime à la navigation, l'autre part restant entre les mains des armateurs ne leur était pas donnée à titre purement gratuit. Du fait de notre législation régissant le commerce maritime, l'armement français est soumis à un certain nombre d'obligations qui le mettent dans un état d'infériorité certain vis-à-vis des armateurs des autres pays. Les trois quarts de l'équipage doivent être français et à cette prescription correspond une augmentation des salaires, car le marin français exige une rémunération plus élevée que les marins hindous, dont se composent en notable partie les équipages anglais. A l'étranger, le rapatriement forcé des marins qui sont débarqués, et l'assistance obligatoire durant quatre mois au matelot qui tombe malade; les visites réglementaires, les frais de consulat, plus élevés en France qu'ailleurs, sont autant de charges supplémentaires pour l'armement français. Comme l'humanité aussi bien que l'intérêt de la marine militaire interdisent d'abroger cette législation coûteuse, il était juste que le Trésor supportât en partie les frais qui en résultent.

Mais ces charges étaient les mêmes pour les armateurs qui se fournissaient à l'étranger et qui cependant n'avaient droit à aucune compensation. Livrés ainsi à leurs propres forces, ceux-ci ne pouvaient plus lutter à armes égales contre les armateurs étrangers.

que c'est grâce à lui qu'on peut obtenir l'expansion du trafic : pour tout dire d'un mot, le steamer, à conditions égales, a un effet utile *trois ou quatre* fois plus fort que le voilier (M. Raynal, Sénat, session ordinaire, 1902, p. 283, col. 1).

Cette législation, qui avait eu pour but la protection de notre construction navale contre les chantiers étrangers, avait en fait créé un véritable monopole en sa faveur et ne servait qu'à décourager les armateurs. Les sociétés de construction peu nombreuses, déjà fort occupées par les commandes des marines de guerre française et étrangères, par celles des compagnies postales subventionnées, n'acceptaient d'exécuter les commandes de la marine de commerce qu'à des prix fort élevés. Les armateurs se trouvaient dans la triste alternative d'acheter à bas prix à l'étranger des « vieux sabots » de seize ans et plus ou de renoncer à faire le commerce maritime.

Aussi sous ce régime notre effectif décroissait ou restait stationnaire, la valeur de nos unités diminuait de jour en jour, la part prise par notre pavillon dans notre fret d'entrée et de sortie se restreignait d'une manière inquiétante [1].

II

A la situation véritablement critique dans laquelle se trouvait notre marine marchande il importait de remédier d'une manière efficace; il fallait favoriser la mise en ligne des vapeurs qui faisaient défaut à notre flotte de commerce, ne pas laisser les constructeurs français maîtres de la situation, et pour cela donner aux armateurs le moyen de se soustraire aux conditions trop onéreuses qui pourraient leur être imposées.

Le législateur de 1902 a voulu satisfaire ces desiderata en modifiant la répartition des subventions entre armateurs et constructeurs, et en remaniant le taux des primes accordées aux voiliers et aux vapeurs. Cette loi nous dotera-t-elle d'une marine de commerce véritablement moderne? Satisfera-t-elle également armateurs et constructeurs?

Pour prévenir tout nouvel accroissement de la marine à voiles au détriment de la marine à vapeur, la prime à la navigation a subi

1. Répartition du fret entre navires français et navires étrangers.

	Navires français.	Navires étrangers.
1881-1892......................	30 p. 0/0	70 p. 0/0
1892-1899......................	23 —	77 —
1900..........................	20 —	80 —
Part prise par le pavillon national en Angleterre...	68 p. 0/0	
—　　　　　　— en Allemagne....	60 —	

d'assez profondes modifications quant à sa quotité et quant aux conditions dans lesquelles elle peut être obtenue.

Deux éléments sont communs aux primes accordées aux voiliers et aux vapeurs. Elles sont calculées proportionnellement à la jauge brute et au nombre de 1,000 milles parcourus : elles subissent aussi une décroissance annuelle par rapport au taux initial de la prime, décroissance qui est pour les vapeurs de 4, 8 et 16 centimes et pour les voiliers de 2, 4 et 8 centimes pendant chacune des trois périodes de quatre ans entre lesquelles se décompose la durée des primes. C'est là une innovation, par rapport à la loi de 1893 où les taux des primes étaient uniformes durant les dix ans pendant lesquels elles étaient payées. Il a paru préférable de donner immédiatement aux armateurs une somme un peu plus forte. Cet escompte de primes qu'ils n'auraient dû toucher que postérieurement, leur permettra d'amortir plus rapidement leurs frais de premier établissement d'achat de matériel et de pouvoir ensuite consacrer leurs bénéfices à la rémunération des capitaux engagés dans l'entreprise.

Mais les primes données aux voiliers et aux vapeurs diffèrent au point de vue de leur quotité, et de la dégression qu'on leur fait subir suivant le tonnage du navire.

La loi de 1902 a conservé pour les voiliers la prime de 1 fr. 70 telle qu'elle avait été fixée en 1893, mais elle ne s'applique plus qu'aux voiliers de moins de 600 tonneaux. Ce sont eux qui emploient le personnel le plus nombreux [1], qui ont à supporter les charges de navigation les plus coûteuses et qui, dans la composition actuelle de notre flotte, font surtout défaut. Au delà de 600 tonneaux, une dégression de 10 centimes par 100 tonneaux sur le taux initial, fait rapidement baisser la prime, qui n'est plus que de 1 fr. 10 pour un navire de 1,000 tonneaux. La prime pour les voiliers d'un tonnage supérieur sera celle à laquelle aura droit un navire de 1,000 tonneaux : c'est rendre désormais complètement impossible la construction des grands voiliers de 2,000 et 3,000 tonneaux. « On ne construira plus de voiliers, a assuré l'honorable M. Cabart-Danneville au Sénat, le rapport de M. Raynal le dit et c'est la vérité ; les journaux maritimes le disent, les constructeurs et les armateurs le déplorent [2]. »

---

1. 80 p. 0/0 des marins naviguant au long cours et au cabotage international.
2. Sénat, session ordinaire, p. 266, col. 2.

Nous ne croyons pas qu'un arrêt dans la construction des voiliers doive faire l'objet de nos regrets. Les vapeurs, nous l'avons déjà dit, sont les véritables instruments du commerce maritime moderne. Les armateurs qui n'auront plus intérêt à acheter des voiliers vont se mettre à armer des vapeurs, et les constructeurs de voiliers qui ont déjà dans leurs chantiers la plus grande partie des installations nécessaires pour construire des steamers compléteront sans doute leur outillage : ainsi ont fait déjà les chantiers de vapeurs aujourd'hui existants qui, à de rares exceptions près, ont eu pour berceau un chantier de voiliers.

Ils seront encouragés dans cette voie par le relèvement de la prime accordée aux vapeurs à 1 fr. 70 par tonneau et par 1,000 milles parcourus, soit en 12 ans, 15 fr. 52 : la loi de 1893 ne donnait pour dix ans que 9 fr. 20 [1].

Ce ne sont toutefois que les navires jaugeant moins de 3,000 tonneaux qui toucheront l'intégralité de la prime : au delà de 3,000 tonneaux, les primes subissent une décroissance de 1 centime par 100 tonneaux ; la prime initiale de 1 fr. 70 est donc réduite à 1 fr. 60 pour un navire de 4,000 tonneaux et à 1 fr. 50 pour un navire de 5,000 tonneaux. Mais là s'arrête la dégression et les navires de 6 et 7,000 tonneaux reçoivent toujours 1 fr. 50 par tonneau et par 1,000 milles parcourus. Cette diminution a pour origine la constatation suivante : les dépenses d'un navire ne croissent pas proportionnelle-

---

1. D'après un tableau soumis par M. Duprat à la commission extraparlementaire de 1897, un navire de 3,000 tonneaux coûte 1,500,000 francs en France ; à l'étranger, 1 million.

Le navire recevait, d'après la loi de 1893, 10 ans de primes, soit pour un parcours de 35,000 milles par an............		927,360 fr.
Sur lesquels l'armateur avait à payer pour cet excédent de prix de 500,000 francs.		
Amortissement 10 p. 0/0 par an............	500,000 fr.	
Intérêt à 5 p. 0/0 par an.................	250,000	
Assurance moyenne, 2,75 p. 0/0	137,000	
Soit....................................	887,000	887,000
Restait à l'armateur...............................		39,360

Ou 4 p. 0/0 du montant total des primes.

Le même navire recevra désormais en 12 ans..............	1,489,819
En supposant que les charges résultant de l'excédent de prix de 500,000 francs restent les mêmes, soit............	887,000
(Elles seront certainement moindres par suite de l'allocation de primes plus fortes dans les premières années et permettant un amortissement plus rapide.)	
Il resterait à l'armateur...............................	602,819 fr

Soit au minimum, 40,46 p. 0/0 de la prime totale.

ment au tonnage; les salaires de l'équipage, les frais d'entretien, la consommation du charbon ne sont pas pour un navire de 6,000 tonneaux doubles de ceux d'un navire de 3,000 tonneaux.

La loi de 1902 a été encore plus loin dans cette voie. De même qu'elle a fixé pour les voiliers une prime maxima pour les navires de 1,000 tonneaux et au-dessus, elle a également décidé qu'au-dessus de 7,000 tonneaux les vapeurs ne recevraient que la prime donnée aux navires de 7,000 tonneaux. Quelles ont été les raisons qui ont déterminé le Parlement à établir cette limite?

L'absence de ports français suffisamment bien outillés, ayant des bassins assez larges, des formes de radoub suffisantes pour permettre à de tels navires de s'y livrer aux opérations qu'il nécessitent; peut-être une sourde hostilité de la part de quelques-unes de nos grandes Compagnies de navigation dont la situation pécunaire quelque peu embarrassée ne se serait pas prêtée à la mise en ligne immédiate de vapeurs de si gros tonnage et qui craignaient de se voir distancer sur ce point par des rivales ayant de meilleures finances; enfin et surtout la question budgétaire, qui a dominé, ainsi que nous le verrons plus loin, tous les débats parlementaires, et qui a fait considérer cette limitation comme une sauvegarde contre un accroissement exagéré des dépenses résultant de l'application de la loi; tous ces motifs ont influé sur le vote de cette disposition.

L'opportunité de la mesure n'en apparaît pas moins comme très contestable. Si les charges d'exploitation ne croissent pas proportionnellement au tonnage, elles augmentent cependant avec lui : les armateurs qui voudront faire naviguer des vapeurs de fort tonnage, n'y auront donc aucun intérêt au point de vue des primes. Sans doute il n'existe guère actuellement en France que les paquebots postaux qui atteignent un pareil tonnage. Ces « lévriers de la mer », comme on les appelle de l'autre côté de la Manche, sont cependant les navires de l'avenir. Ils permettent de réduire les frais généraux des transports, d'obtenir des vitesses plus considérables, de satisfaire par leur taille à toutes les nécessités du commerce maritime. En Allemagne, en Angleterre, des cargo-boats de 10, 12 et 14,000 tonneaux sont couramment lancés. Il y aurait eu intérêt, semble-t-il, à ne pas entraver l'initiative de nos armateurs; la fixation d'un maximum de subventions équivaut à leur interdire la lutte contre leurs concurrents étrangers, sinon en France — puisque la plupart des ports ne peuvent recevoir de si gros navires, — du moins à l'étranger, où un fret abondant pourrait donner de légitimes bénéfices au tiers pavillon qui se présenterait, dans de bonnes conditions, pour le recueillir.

III

Le taux des primes à accorder aux diverses catégories de navires étant ainsi réglé, il s'agissait de protéger les armateurs contre les exigences abusives des constructeurs.

Adoptant la proposition qui avait été faite par la Commission extraparlementaire de la marine marchande de 1897, le législateur a créé une subvention spéciale, représentative des charges imposées aux armateurs par notre législation maritime : la compensation d'armement. Elle est donnée exclusivement aux vapeurs, les seuls intéressants à subventionner, et est fixée en fonction de la jauge brute et du nombre de jours d'armement administratif. L'armement administratif, défini déjà par nos règlements maritimes, commence le jour où le navire prend ses « expéditions » au commissariat de l'inscription maritime et finit au jour du désarmement du rôle devant le même fonctionnaire, procédure qui garantit la sincérité des déclarations de l'armateur puisqu'il faut se présenter avec l'équipage au complet devant un agent de l'État au début et au terme de l'opération.

La compensation d'armement représentant des charges uniformes, quel que soit l'âge du navire, est donnée également à tous les navires de moins de douze ans ; elle est calculée par paliers, à la différence de la prime à la navigation. Jusqu'à 2,000 tonneaux, les armateurs reçoivent 5 centimes par tonneau et par jour d'affrètement. Pour les 1,000 tonneaux suivants, le taux est réduit de 1 centime, et ainsi de suite jusqu'à 5,000 tonneaux, où la compensation n'est plus que de 2 centimes. Les navires de plus de 7,000 tonneaux enfin ne touchent que la compensation à laquelle ont droit les navires de 7,000 tonneaux.

Ainsi conçue, la compensation d'armement a soulevé de graves critiques de la part des constructeurs et des représentants des industries métallurgiques. C'était, disaient-ils, encourager les chantiers étrangers au détriment des chantiers français, favoriser leur développement au mépris des intérêts de nos industries nationales, qui non seulement construiront moins de navires, mais aussi n'exécuteront pas les réparations, car l'armateur a intérêt à retourner vers le constructeur qui possède des pièces de rechange et connaît mieux les machines.

La compensation d'armement devait aussi, d'après ses adversaires, provoquer des francisations fictives faites par des étrangers. Les sommes que le Trésor français débourserait serviraient ainsi à subventionner des entreprises de nationaux d'autres pays, et à aggraver encore la concurrence redoutable qu'ils nous font. N'y avait-il pas, en outre, dans ce fait même de francisations fictives un danger réel pour notre défense nationale ? N'avait-on pas vu, durant la guerre hispano-américaine, les navires espagnols qui appartenaient à des armateurs anglais, déserter les ports de la péninsule pour échapper aux réquisitions et se réfugier à Liverpool où ils ont attendu l'issue de la guerre ? La marine militaire de ce pays s'est trouvée du même coup privée de cette flotte auxiliaire dont elle avait grand besoin pour transporter son charbon.

Enfin la compensation d'armement, en n'intéressant pas l'armateur au parcours qu'il pourrait effectuer, n'allait-elle pas favoriser l'immobilité dans les ports français, des navires qui en bénéficiaient. N'allait-il pas y avoir désormais « des navires travaillant à la tâche et d'autres à la journée, des voitures à la course et des fiacres à l'heure ? »

Ces considérations furent sur le point de déterminer la Chambre des députés à supprimer la compensation d'armement du texte de la loi. Sur la proposition de M. de Mahy, un amendement ainsi rédigé fut voté [1] : « Toute prime aux navires construits à l'étranger est et demeure supprimée ». Mais se ressaisissant bientôt la Chambre vota une addition à ce texte qui admettait la compensation d'armement, mais en entourait la concession de certaines garanties.

Elle a notamment édicté des dispositions contre les francisations fictives. La majorité des membres et le Président du Conseil d'administration des sociétés d'armement doivent être Français, mais elle a dû rapidement s'arrêter dans cette voie. En l'état actuel de notre législation commerciale sur les sociétés, il était véritablement impossible de pousser plus loin les investigations sur la composition de ces compagnies. Les actions au porteur, un jour détenues par des Français, peuvent le lendemain appartenir à des étrangers, et tout équilibre que l'on pourrait exiger entre capitaux français et

____

1. Par 256 voix contre 235.

capitaux étrangers dans la constitution du fonds social, se trouverait ainsi rompu. Aussi la disposition de la loi qui prévoit la suppression des primes et la répétition des sommes indûment perçues par personnes interposées, semble plutôt devoir être considérée comme purement comminatoire que comme ayant une réelle valeur pratique. L'application de la demi-prime de 1881 à 1892 n'a d'ailleurs donné lieu à aucun abus de ce genre et la crainte de voir en cas de guerre nos navires se réfugier dans les ports de puissances neutres ne semble pas pouvoir se réaliser pour notre marine marchande : à la différence des équipages des navires espagnols, composés en majeure partie d'étrangers, nos équipages doivent être entièrement français. Leur patriotisme et leur devoir ne les feraient pas hésiter entre l'ordre de l'armateur et celui de l'autorité militaire, à la disposition de laquelle ils reviendraient se mettre dès le début des hostilités.

La construction navale se trouve-t-elle également compromise ? Sans doute la compensation d'armement limite les exigences trop grandes des armateurs ; mais si nous comparons la compensation d'armement à la prime de navigation nous voyons qu'elle est bien minime, ainsi que le montre le tableau suivant [1].

Tonnage des navires.	Prime à la navigation. Moyenne annuelle.	Compensation d'armement.	Pour cent.
1,000 tonneaux.	51,733	15,000	28,99
2,000 —	103,466	30,000	28,99
3,000 —	155,200	42,000	27,04
4,000 —	190,933	51,000	26,71
5,000 —	219,000	57,000	26,02
6,000 —	262,800	63,000	23,95
7,000 —	306,600	69,000	22,50

Elle ne représente même pas la totalité des charges imposées à l'armement, charges qui avaient été évaluées de 15 à 18 francs par tonneau et par an. Les armateurs auront donc encore tout intérêt à équiper des navires de construction française, car ils recevront une subvention 3 fois ou même 4 fois plus forte et, en admettant que l'augmentation des prix de la construction française absorbe au maximum 50 p. 0/0 de la prime à la navigation, la compensation d'armement ne représente encore que 37,60 p. 0/0 à

---

1. La prime de navigation est calculée sur un parcours de 40,000 milles par an. La compensation d'armement, sur le maximum de 300 jours d'armement administratif.

45 p. 0/0 de la part nette qui revient à l'armateur. Cette différence constitue une protection bien suffisante pour nos chantiers qui sont loin d'être sacrifiés.

Enfin la compensation d'armement n'est pas, quoi qu'on ait dit, une prime à l'immobilité. Les frais résultant de notre législation maritime ne sont pas proportionnels au parcours, mais au nombre de jours durant lesquels le navire est *armé*, soit qu'il fasse de la route, soit qu'il soit en opération dans les ports.

Mais dans tous les cas, en faisant abstraction de la dépense de charbon supplémentaire lorsque le steamer navigue, la compensation d'armement est bien minime lorsqu'on la compare aux frais généraux qui incombent à l'armateur [1].

	Compensation d'armement par jour.	Frais généraux par jour.
Navire de 3,000 tonneaux.	140 francs	1,200 à 1,500 francs
— 4,000 —	170 —	1,500 à 1,700 —
— 5,000 —	190 —	1,600 à 1,800 —

C'est cette opération financière inexplicable qu'un armateur ne voudra jamais entreprendre, d'autant plus que le contrôle de l'administration sur les opérations d'armement est véritablement facile et, partant, efficace.

Par contre la compensation d'armement présente plusieurs avantages des plus sérieux. Elle permet de remplacer immédiatement les unités qui disparaissent par naufrage. En s'adressant aux chantiers français, l'armateur ne peut les remplacer qu'après un laps de temps assez long, nécessité par les délais de construction, et voit ainsi ses services désorganisés au grand détriment de ses opérations commerciales. En s'adressant en Angleterre, le navire lui sera immédiatement livré et il pourra, grâce à la compensation d'armement, continuer dans de bonnes conditions son entreprise.

De même un armateur ayant découvert un fret à transporter, risquerait assurément de voir sa place prise par des étrangers, s'il devait attendre que le navire dont il a besoin ait été construit en France. L'acquisition rapide à l'étranger lui permettra au contraire de saisir l'occasion qui se présentera à lui.

Enfin, la compensation permet aux armateurs de lutter contre les exigences exagérées des constructeurs français et favorise ainsi

1. M. Thierry, Chambre, Débats parlementaires. Session extraordinaire de 1901, p. 2046, col. 1.

l'initiative de l'armement, le développement de notre flotte marchande. Ce regain d'activité était avant tout souhaitable, il serait favorable à nos inscrits maritimes auxquels il donnerait du travail, à nos constructeurs qui bénéficieraient des réparations, à notre expansion et prospérité nationales enfin, car plus nous aurons de navires, plus notre fret sera transporté sous pavillon français et plus aussi notre commerce extérieur sera actif.

IV

Pour satisfaire aux engagements que le Parlement venait de prendre, combien demander au Trésor public? L'augmentation de dépenses résultant de la nouvelle loi, évaluée à 2,800,000 francs, semblait devoir être considérée seulement comme un minimum qui serait rapidement dépassé. C'était une lourde charge au moment où la situation financière paraissait nécessiter de grands ménagements.

Dégression des primes à partir d'un certain tonnage, fixation d'un maximum de tonnage sur lequel la prime à la navigation et la compensation d'armement pouvaient être calculées, création de la compensation d'armement qui outre ses avantages avait pour effet de réduire, pour un même tonnage, au 1/3 les sacrifices du Trésor ; limitation à 300 jours d'armement administratif, de la durée annuelle pendant laquelle elle pouvait être allouée ; telles étaient les précautions qui pour la plupart avaient paru au Gouvernement devoir être inscrites dans le projet de loi.

Le Parlement ne les jugea pas encore suffisantes et marqua sa volonté bien nette de ne pas imposer aux autres contribuables de trop lourds sacrifices au profit d'une industrie, quelque intéressante qu'elle fût.

La loi devait à l'origine avoir une durée de vingt ans : tous les navires qui, durant cette période, rempliraient les conditions exigées par la loi devaient bénéficier des avantages qu'elle confère, de la compensation d'armement pendant vingt ans à partir de la francisation, de la prime à la navigation, pendant quinze ans à partir de la mise en service. C'était donc engager l'avenir pour une période totale de quarante ans. Le Parlement n'a pas cru devoir le faire, il a réduit à douze ans tant pour la compensation d'armement que pour la prime à la navigation la durée pendant laquelle elles seront

payées, et à dix ans le temps pendant lequel les armateurs pourront
réclamer l'application des dispositions de la loi. C'est donc engager
l'État pour vingt-deux ans : ce qui paraît au premier abord un laps
de temps appréciable. Il est cependant plutôt court : lorsque des
armateurs organisent une entreprise de navigation, ils doivent pouvoir faire entrer en ligne de compte les subventions données par le
gouvernement et avoir la certitude qu'ils les toucheront pendant
longtemps. La durée de dix ans est suffisante pour les sociétés qui
se sont formées dès la promulgation de la loi; elle devient singuliè-
rement brève, lorsque ces sociétés ne se constituent que quatre ou
cinq ans après sa mise en vigueur. Dès leur origine, un gros point
noir menace l'avenir de leurs affaires. Dans quelles conditions le
sort de la marine marchande sera-t-il réglé en 1912? Danger d'ailleurs
commun à toutes ces lois à échéance fixe qu'en économie politique
on nomme expérimentales et qui créent, plusieurs années avant leur
expiration, un état d'incertitude éminemment préjudiciable aux
intérêts qu'elles veulent sauvegarder. Au point de vue financier,
cette limitation avait dans tous les cas pour effet de réduire la
dépense totale, puisque les armateurs devaient, pour chacun de
leurs navires, bénéficier des primes pendant un temps moins long.

Une autre économie a été réalisée en ce qui concerne la vitesse
des navires. La vitesse n'a qu'une importance secondaire pour la
marine marchande et ne s'obtient que grâce à des sacrifices pécu-
niaires assez considérables[1]. Or ce que demande avant tout l'expé-
diteur c'est que ses marchandises soient transportées plutôt à bon
marché que rapidement, mais les primes à la marine marchande
ont pour but non seulement de favoriser l'armement, mais aussi de
créer une flotte qui puisse en temps de guerre coopérer utilement
à notre défense maritime. Pour cela il faut que les navires aient
une vitesse moyenne suffisante. La Chambre avait dans cette vue
décidé de supprimer toute prime ou compensation aux navires
filant moins de 10 nœuds aux essais, en une demi-charge, ce qui
équivant à une vitesse de 8 nœuds et demi à 9 nœuds en service. Le
Sénat a en outre réduit de 10 p. 0/0 les primes pour les navires
qui n'auront réalisé aux essais qu'une vitesse de 10 à 11 nœuds et
de 5 p. 0/0 pour ceux qui n'auront effectué que moins de 12 nœuds.

Ces dispositions n'avaient pour effet que de réduire le montant

---

1. L'augmentation de vitesse correspond à un accroissement de consommation de charbon proportionnel au carré, certains disent même au cube de cette
augmentation.

des primes ou de restreindre le temps durant lequel elles devaient être payées. Mais combien de navires demanderaient à bénéficier des primes et quel serait leur tonnage, quel serait le parcours qu'ils effectueraient annuellement, ou quel serait le nombre de jours durant lequel ils seraient en état d'armement administratif, toutes inconnues qui constituaient un gros aléa pour le Trésor.

Deux systèmes furent proposés pour limiter les charges budgétaires.

M. Antonin Dubost voulait fixer un crédit annuel maximum. C'était imiter la législation italienne. Les subventions votées dans ce pays à la marine marchande produisirent de si heureux effets qu'en 1900, afin d'arrêter l'accroissement des dépenses qui en résultaient, le Parlement décida d'inscrire chaque année au budget un crédit à répartir entre tous les armateurs qui y avaient droit au prorata des sommes qui auraient dû leur être primitivement payées. Mais cette pratique a de graves inconvénients. L'armateur qui sur la foi des traités a commandé des navires peut ne recevoir qu'une prime inférieure à celle qui lui avait été promise, et qui avait servi de base à ses calculs : c'est décourager toute initiative et enlever toute confiance aux capitaux.

Aussi préféra-t-on adopter une proposition faite à l'origine par M. Beauregard, qui limitait à 500,000 tonneaux de vapeurs[1] et 100,000 tonneaux de voiliers les quantités qui pouvaient bénéficier des primes accordées par la loi. Ajoutés aux 730,592 tonneaux de vapeurs et aux 382,904 tonneaux de voiliers, qui en 1900 avaient reçu des primes en vertu de la loi de 1893, ils devaient doter notre marine marchande d'un effectif suffisant. Malheureusement cette disposition ne prévoit pas la possibilité d'accorder des primes au delà de cette limite de 600,000 tonneaux à des navires qui viendraient remplacer ceux qui, régis par la loi de 1893, auront complètement cessé de recevoir des subventions en 1913. Dès lors cette disposition ne constitue plus qu'une précaution purement financière, et n'aura que peu d'effet sur l'augmentation du tonnage.

D'après les calculs, tant du ministre des finances que de la commission du budget du Sénat, la dépense totale pour ces 600,000 tonneaux devait atteindre le chiffre de 229,472,191 francs, mais la réduction de la durée des primes de quinze à douze ans, les déductions pour les vitesses inférieures à 12 nœuds introduites postérieu-

---

1. Sur lesquels 200,000 tonneaux au maximum de construction étrangère.

rement à ces calculs, devaient réduire ce chiffre de 53,640,000.
Restaient donc 176 millions.

Ces évaluations étaient encore légèrement exagérées par la supputation de constructions trop considérables de voiliers, de parcours trop longs de vapeurs. Le Sénat considéra qu'elles devaient être réduites à 150 millions.

Mais un élément était encore variable, élément qui pouvait augmenter dans une assez forte mesure les dépenses : le parcours des vapeurs qui sert de base à la liquidation de la prime.

Désireux de maintenir cependant dans ces limites les crédits à répartir sur les divers exercices, le Sénat a décidé que ce chiffre de 150 millions ne devrait pas être dépassé et a ainsi encore réduit le tonnage qui pouvait être primé, car il est manifeste que de réductions en réductions les prévisions, au lieu d'être exagérées, sont devenues inférieures à la réalité En même temps l'article 24 limitait à 50 millions les primes à accorder à la construction pour ces navires.

Mais il importait, même après avoir fixé ces deux maxima, 600,000 tonneaux d'une part, 200 millions de l'autre, d'empêcher qu'un essor trop rapide de notre marine marchande ne vînt « à peser tout d'un coup d'un poids formidable, à faire catapulte — passez-moi l'expression — sur un certain nombre de budgets[1] ». Cette précipitation eût été aussi très préjudiciable aux intérêts de nos constructeurs et de nos ouvriers. Une fois le crédit-tonnage et le crédit-argent épuisés, c'était le chômage pour les ouvriers, la fermeture pour les patrons : et cependant il était à craindre que les armateurs, pressés par le désir d'armer à temps pour participer à la distribution de manne budgétaire, n'exagèrent leurs commandes immédiates. C'est dans ce but que la loi de 1902 a limité à 50,000 tonneaux de vapeurs et 15,000 tonneaux de voiliers la construction annuelle qui pourrait recevoir des primes à la navigation. La production se trouve ainsi répartie sur quatre ans à quatre ans et demi.

La fixation d'un maximum de crédit global présentait un autre inconvénient. Les liquidations de primes à la navigation sont en effet influencées par deux éléments connus : le tonnage et la quotité des primes et un troisième élément variable : les distances parcourues. Grâce à cette inconnue, n'était-il pas à craindre que, si les

1. M. Caillaux, ministre des finances. Sénat, séance du 13 mars 1902.

premiers navires mis en service pouvaient espérer bénéficier de la
totalité des primes, il n'en fût pas de même pour ceux lancés au
bout de quelques années? N'y avait-il pas là une incertitude qui
allait préjudicier aux armateurs pour l'exercice de leurs diverses
garanties et notamment pour le fonctionnement de l'hypothèque
maritime? Certaines maisons de crédit se demandèrent au moment
du vote de cette disposition si elles allaient pouvoir dans ces conditions continuer ces opérations. Le ministre du commerce, dans
une lettre adressée au rapporteur, M. Thierry, le 15 mars 1902,
calma ces craintes. Des registres, disait-il, allaient être ouverts
sur lesquels seraient inscrits les armateurs au fur et à mesure de
leurs déclarations. Ils prendraient ainsi rang pour avoir droit aux
primes. Chaque déclaration ferait l'objet d'une évaluation des
primes que ce navire pourrait éventuellement toucher en tenant
compte d'un parcours suffisamment long. Ainsi il était possible de
suivre les dépenses engagées [1]. Les inscriptions cesseront du jour
où les crédits ouverts seront atteints sans que l'on « puisse redouter
de voir réduire ou supprimer, avant les délais fixés par la loi, les
allocations auxquelles les navires ont droit. De cette manière, les
prêteurs hypothécaires pourront sans crainte laisser leurs capitaux
s'engager dans les affaires maritimes qui les solliciteront, assurés
qu'ils seront que l'intégralité des primes demeurera acquise aux
emprunteurs pour permettre à ceux-ci de faire face à leurs engagements [2]. »

V

La loi de 1902 aura-t-elle de meilleurs effets que la loi de 1893?
donnera-t-elle à notre marine marchande un peu de cette activité
qui lui manque aujourd'hui totalement? Certes les primes constituent
un des moyens de protection les plus factices, les plus empiriques,
je dirais même, les plus grossiers. Dépense à jet continu, faite sans
certitude absolue de la continuation du succès à l'échéance, elles
constituent un prélèvement sur des contribuables opéré au profit
d'un autre contribuable, l'emploi de deniers publics au profit
d'intérêts particuliers : elles doivent être en principe condamnées.

1. Ces dispositions sont contenues dans le Règlement d'administration pu-
blique du 9 septembre 1902.
2. Lettre de M. Millerand, ministre du commerce, à M. Thierry. Annexe n° 3112.

Mais l'intérêt de notre commerce, les nécessités de notre défense maritime exigent que la France ait une flotte commerciale. Les primes constituent le seul moyen de protéger notre marine marchande, de lui permettre de lutter contre la concurrence étrangère : elles sont un mal nécessaire, inévitable, auquel il faut se résigner, mais en essayant d'en limiter les fâcheux effets et d'en retirer le plus de bénéfices possible.

La loi de 1902 répond-elle à ces desiderata? Les tableaux qui ont été insérés au *Journal officiel* où, conformément au décret du 9 septembre 1902, la situation des bateaux ayant pris rang pour l'obtention des primes doit être indiquée, nous renseignent à cet égard [1].

Au 30 juin 1903, date du dernier état paru, 387,801 tonneaux de vapeurs de construction française et 121,300 tonneaux de vapeurs de construction étrangère avaient demandé à bénéficier des dispositions de la loi de 1902 [2]. La capacité moyenne des navires est variable suivant que l'on considère les vapeurs construits en France et ceux construits à l'étranger.

Les premiers au nombre de 82 accusent 4,730 tonneaux de tonnage moyen, 35 vapeurs ont un tonnage de 5 à 6,000 tonneaux, 10, de 6,000 à 6,500 tonneaux, 4, de 7,500 tonneaux, mais aucun navire ne dépasse 7,500 tonneaux, ce que faisait d'ailleurs prévoir la fixation d'un maximum de primes.

Les navires étrangers francisés ont un tonnage encore plus modeste : 2,635 tonneaux par navire, tel est le résultat obtenu en divisant le tonnage inscrit par le nombre de navires, soit 46 : 6 des steamers seulement ont plus de 5,000 tonneaux.

La prime à la navigation accordée aux navires de tonnage assez élevé paraît, d'après ces résultats, suffisante, mais la compensation d'armement ne paraît pas devoir favoriser leur entrée en ligne.

En ce qui concerne les voiliers, 42,173 tonneaux avaient pris rang au 30 juin 1903. Si neuf navires ont un tonnage supérieur à 1,000 tonneaux, et 25 ont un tonnage de 500 à 1,000 tonneaux, tous les autres,

1. *Journal officiel* des 16 novembre et 16 décembre 1902, 8 janvier, 29 juin et 11 juillet 1903.

2. En outre des chiffres représentant les constructions nouvelles, 119,488 tonneaux de vapeurs et 13,814 tonneaux de voiliers, de construction française et francisés antérieurement à la promulgation de la loi, ont demandé l'application des articles 11 et 12 de la loi de 1902 qui leur assure à l'expiration de la durée des primes fixée par la loi de 1893, le bénéfice des deux années supplémentaires de primes accordées par la nouvelle loi.

au nombre de 65, n'atteignent pas 500 tonneaux : constatation qui confirme la prédiction faite au cours de la discussion et assurant qu'aucun voilier de fort tonnage ne serait plus construit.

Si, au 30 juin 1903, le crédit-tonnage des vapeurs était seul dépassé, le crédit-argent de 150 millions était dès le 20 décembre[1] absorbé par l'inscription sur les registres tenus au ministère des finances de 14,077 tonneaux de voiliers, de 35,599 tonneaux de vapeurs de construction étrangère et de 325,073 tonneaux de vapeurs de construction française soit, en tout, de 374,750 tonneaux. Dans le chiffre de 325,073 tonneaux, 89,818 tonneaux ont été francisés antérieurement à la promulgation de la loi. Restent donc 235,255 tonneaux à construire durant dix ans.

C'est, à bref délai et quoi qu'on ait dit et tenté, le chômage pour un grand nombre de nos chantiers.

La construction étrangère, ainsi que cela était à prévoir, d'après le tarif de la compensation d'armement, ne semble pas avoir fait grand tort à la construction française, car elle ne figure que pour 35,599 tonneaux, entraînant une dépense totale de 4,991,486 francs. Cette constatation n'est pas pour nous étonner. Représentant une faible part de la prime à la navigation, les armateurs ne devaient demander à en bénéficier que si une circonstance fortuite les mettait dans la nécessité de recourir aux chantiers étrangers. Mais, aujourd'hui, ces circonstances fortuites peuvent se produire, le livre des prises de rang est au complet, l'armateur ne pourra plus demander dans la plupart des cas le bénéfice de la compensation d'armement et cette disposition qui, dans l'esprit de ses auteurs, devait être si favorable à notre marine marchande, n'aura été qu'une concession apparente, sans intérêt, faite aux armateurs qui s'étaient leurrés d'un fol espoir.

Toute l'augmentation d'effectif que nous pouvons espérer sous le régime de la loi de 1902 se réduira donc à un accroissement probable de 250 à 300,000 tonneaux, alors que le Parlement avait trouvé que les 600,000 tonneaux offerts par M. Beauregard étaient bien peu de chose.

Telles sont les réflexions que suggère l'examen des tableaux

---

1. Cette date est variable : le décret du 9 septembre 1902 a, en effet, prévu un certain nombre de causes de caducité des prises de rang. Par suite des radiations opérées dans ces cas, des inscriptions qui, à l'origine étaient tardives et ne donnaient pas droit à l'allocation de subventions, peuvent arriver en rang utile pour participer aux primes.

dressés par la direction des douanes. Elles ne sont pas bien favorables à la nouvelle loi, qui avait cependant fait concevoir dans sa première rédaction de grandes espérances à ceux qui désirent voir notre marine marchande se relever.

La cessation du travail à une échéance peu éloignée sur nos chantiers français, l'augmentation de notre flotte tout juste suffisante pour combler les vides qui se produisent au fur et à mesure de la disparition des navires déjà âgés dont elle se compose actuellement : voilà les tristes présages qui semblent devoir se réaliser dans l'avenir. Présages d'autant plus douloureux que nos voisins s'organisent de toutes parts, qu'ils se groupent pour rendre encore plus âpre et plus difficile la concurrence internationale, que l' « Atlantic Combine », cette conception gigantesque du Nouveau Monde, aura certainement pour résultat de diminuer encore les prix de transport et partant d'enlever à nos armateurs une partie du fret auquel ils pouvaient prétendre.

Effrayés par l'accroissement[1] continu des crédits destinés à payer des primes, nos législateurs ont fait passer avant tout les préoccupations budgétaires : ils ont sans doute eu raison. Mais il est à espérer que lorsque la disparition progressive des navires qui touchent actuellement des primes en vertu de la loi de 1893 auront créé de nouvelles disponibilités, le Parlement ne les engloutira pas dans les ressources générales du budget, mais les consacrera à primer de nouveaux navires, afin que notre marine marchande ainsi subventionnée puisse rester sur ses positions actuelles en attendant qu'une situation économique meilleure lui permette de se relever d'elle-même. Nos efforts doivent tendre à créer cette situation favorable à notre marine, qui lui donnera la force et la vitalité que toute législation sur les primes ne peut lui accorder que d'une manière temporaire et partant bien précaire.

Or un personnel habile, un outillage industriel et des moyens de transport judicieusement combinés, un milieu économique adéquat, telles sont les conditions *réelles* de la prospérité d'une marine marchande.

Le personnel, nous le possédons : nos constructeurs (sauf pour le prix de revient) peuvent lutter contre leurs rivaux étrangers, nos

---

1. Dans la loi de finances du 31 mars 1903, les primes à la construction figurent pour 7,250,000 francs, et les primes à la navigation et compensation d'armement pour 22,000,000. En 1890, les primes à la marine marchande ne s'élevaient qu'à 10,855,112 francs.

armateurs manquent peut-être un peu d'initiative, de hardiesse aventureuse, mais peut-on le leur reprocher? nos équipages, grâce à l'inscription maritime, aux écoles spéciales pour les officiers de marine de commerce, sont suffisamment nombreux et à la hauteur de leur tâche. Nous pouvons, il est vrai, regretter que nos maisons d'armement n'aient pas plus souvent des représentants directs dans les ports étrangers qui prendraient mieux leurs intérêts que des courtiers tour à tour sollicités par des sociétés de toutes nationalités.

L'outillage et les moyens de transport laissent par contre bien à désirer. Ce n'est pas ici la place de déplorer une fois de plus l'éparpillement de nos efforts sur tout notre littoral, au lieu d'avoir concentré toute notre énergie à aménager deux ou trois ports avec tous les progrès de l'industrie moderne, et en vue de recevoir les plus gros navires. Le plan des grands travaux que la Chambre a déjà voté, apportera quelques améliorations, hélas! insuffisantes à cette situation médiocre. Il permettra aussi par la jonction mieux comprise et plus complète du réseau de nos voies navigables la concentration vers notre littoral des produits de nos industries de l'intérieur qui souvent aujourd'hui, faute de communications rapides ou économiques, transitent à l'étranger et vont s'y embarquer sur les navires des flottes rivales de la nôtre. L'abaissement de certains tarifs d'expédition vers les ports, pour les marchandises empruntant les voies ferrées, serait aussi un sûr moyen de détourner quelques-uns de nos industriels de l'Est d'expédier leurs marchandises par la Belgique au lieu de les diriger sur le Havre, Dieppe ou Dunkerque. Et ainsi se trouverait constitué et réuni un fret qui donnerait aux sociétés de navigation, occupation de leur matériel et profit.

Enfin le protectionnisme, par les entraves qu'il apporte aux opérations dans les ports, écarte souvent des expéditeurs d'adresser en France certains produits qui pourraient y recevoir un complément de main-d'œuvre ou y subir certaines manipulations. Le drawback, l'admission temporaire, l'entrepôt sont des formalités nécessaires sous un régime protectionniste, mais sont aussi des entraves au commerce extérieur. La création de zones franches, à défaut de ports francs, serait encore pour notre marine marchande un élément de prospérité, car elle profiterait dans une large mesure des expéditions et des réexpéditions, conséquence nécessaire des opérations qui sont faites dans ces lieux librement ouverts à tous les produits.

Car notre marine marchande ne souffre pas seulement du prix

élevé des constructions navales dans notre pays; elle souffre aussi et surtout du manque de fret. Le fret d'entrée, le plus considérable, nous est en effet enlevé faute, le plus souvent, de services français organisés dans les divers pays du monde, et les expéditeurs choisissent pour l'envoyer chez nous des armateurs étrangers.

C'est une habitude qui ne peut se modifier que peu à peu. Mais le fret de sortie, qui est en quelque sorte entre nos mains, ne doit pas nous échapper. La législation peut, nous venons de le montrer, apporter un secours efficace à notre marine de commerce en favorisant la concentration de notre fret sur les ports français, et en y retenant une part de celui qui vient de l'étranger.

Il ne faut donc pas considérer comme une situation définitive, l'allocation des primes à notre marine marchande : le Parlement n'a pas terminé son œuvre. Il s'agit maintenant pour lui de montrer sa sollicitude envers cette branche de notre industrie nationale en votant les mesures efficaces de nature à donner à notre marine marchande le fret dont elle a besoin pour vivre. Ainsi (et ainsi seulement) sera-t-il possible de réduire, sinon même de supprimer les encouragements directs exagérés que nous sommes obligés de donner à notre flotte de commerce, sous peine, en la livrant à ses propres forces, de la voir disparaître à une échéance très rapprochée.

ALEXANDRE DE LAVERGNE.

Félix ALCAN, Éditeur, 108, boulevard Saint-Germain, Paris, 6°.

REVUE HISTORIQUE

Dirigée par G. MONOD

Membre de l'Institut, Maître de conférences à l'École normale supérieure,
Président de la section historique à l'École des hautes études.

Fondée en 1875.

Paraît tous les deux mois, par livraisons grand in-8 de 15 feuilles, et forme par an
trois volumes de 500 pages chacun.

Prix d'abonnement : Un an, pour Paris, **30** fr. — Pour les départements
et l'étranger, **33** fr. — La livraison, **6** fr.

Les années écoulées : chacune, **30** fr. ; — le fascicule, **6** fr. ; — les fascicules de la 1re année, **9** fr.

SOMMAIRE du n° de Septembre-Octobre 1903 :

CHEMINS DE FER DE L'OUEST

EXCURSION SUR LA COTE NORD DE BRETAGNE

DE GRANVILLE A BREST

(Mont Saint-Michel, Cancale, Baie de Saint-Malo, la Rance,
Baie de Saint-Brieuc, Paimpol, Roscoff, etc.)

La Compagnie des Chemins de fer de l'Ouest délivre, à partir des Fêtes de Pâques et jusqu'au 31 octobre, des cartes d'abonnement spéciale, qui, moyennant **100** fr. pour la 1re classe et **75** fr. pour la 2e classe, permet à celui qui en est porteur de partir d'une gare quelconque du réseau pour une gare les services de la ligne de Granville à Brest, avec droit d'arrêt sur tous les parcours, de circuler ensuite librement, pendant un mois, non seulement entre Granville et Brest, mais aussi sur tous les embranchements de cette ligne qui conduisent à la mer, et, enfin, une fois ses excursions terminées, de revenir à son point de départ avec les mêmes facilités d'arrêt qu'à l'aller.

Toute personne qui souscrit, en même temps que son abonnement, un ou plusieurs autres abonnements en faveur des membres de sa famille, précepteurs, gouvernantes et domestiques habitant avec elle, sous le même toit, bénéficie, pour ces cartes supplémentaires, des réductions indiquées ci-après :

			1re classe.	2e classe.
1re carte	Prix pleins	Fr.	100 »	75 »
2e	Réduction de 10 0/0		90 »	67 50
3e	— 20 0/0		80 »	60 »
4e	— 30 0/0		70 »	52 50
5e	— 40 0/0		60 »	45 »
6e — et au-delà	— 50 0/0		50 »	37 50

*Pour plus de renseignements, s'adresser à toutes les gares du réseau, qui délivrent ces cartes
à condition que la demande en soit faite 5 jours au moins à l'avance.*